AF459509

SERVICE
DE LA
GARDE-CÔTE,
DU POITOU, AUNIS, SAINTONGE,
ISLE DE RÉ ET D'OLREON,

Ordonné par Monsieur le Comte de Chabannes, Commandant en chef dans les Provinces du Poitou, Aunix, Saintonge & les Isles adjacentes.

Du premier Mai 1748.

A LA ROCHELLE,

Chez PIERRE MESNIER, Imprimeur de Monseigneur le Comte de Chabannes, ruë du Temple.

M. DCC. XLVIII.

SERVICE DE LA GARDE-CÔTE,

ORDONNÉ par Monſieur le Comte de Chabannes, Commandant en chef dans les Provinces du Poitou, Aunix, Saintonge & les Iſles adjacentes.

Du premier Mai 1748.

L'ORDONNANCE du Roi du premier Avril 1748. ayant réglé les différens ſervices que feront les Bataillons Garde-Côtes, les Capitaineries & les Dragons des trois Provinces du Poitou, d'Aunix, Saintonge & des Iſles adjacentes; le préſent Réglement ſervira d'inſtruction ſur la maniere dont ils devront être exécutés en détail.

SERVICE DES CORPS-DE-GARDE.

CORPS-DE-GARDE DE DÉFENSE Fournis par les Bataillons le premier Mai.

Châque Garde durera quatre fois 24. heures, & ſera relevée à 9. heures du matin; les Sergens & Soldats auront pour 4. jours de pain, & le prêt en argent.

Le Major de châque Bataillon & l'Officier faiſant le détail, ſeront chargés de commander ce Service à tour de rôle par Compagnie ; ils auront attention à ce que les Armes de châque Soldat ſoient en bon état, ils viſiteront leſdits Corps-de-Garde alternativement, châcun un fois par Garde, vérifieront les Conſignes & les feront remettre dans les Corps-de-Garde où elles manqueront ; ils rendront compte du tout au Commandant de Bataillon châque renouvellement de Garde.

Il ſera fourni de la Poudre aux Magaſins des Batteries, ainſi que des Balles, en cas de beſoin.

Il ſera nommé un bas Officier Invalide pour commander l'exercice à châque Corps-de-Garde de 15. hommes & un Sergent, ils ſeront payés à raiſon de 20. ſols par jour ; ces Officiers Invalides exerceront les Soldats au maniement des Armes, & leur feront tirer tous les jours homme par homme 4. coups avec des amorces ſeulement ; ils ſeront pareillement chargés de l'exercice des Corps-de-Garde qui ſeront à leur portée.

Ce Service des Corps-de-Garde de défenſe ſera continué du jour qu'il commencera juſqu'à nouvel ordre.

Les Sergens & Soldats étant de Garde ſeront compris dans les Revûës des Bataillons qui ſe trouveront par ces Détachemens plus foibles à proportion du nombre qu'ils fourniront aux Corps-de-Garde.

Lorſqu'il y aura des Troupes réglées dans ces trois Provinces, elles fourniront la Garde aux principaux Corps-de-Garde dont l'état ſera donné, ce qui diminuëra d'autant le nombre de ceux que les Bataillons devront fournir.

Les Sergens de Garde conduiront & reconduiront leur Garde en bon ordre.

CORPS-DE-GARDE DE VEDETTE

Fournis par les Capitaineries le premier Mai.

Tous les Corps-de-Garde de Vedette étant d'un Sergent & 6 hommes, ces Gardes monteront pareillement à 9. heures du matin, feront relevées après quatre fois 24. heures de fervice, les Sergens & Soldats auront pour quatre jours de pain feulement.

Il fera nommé par Capitainerie un Capitaine ou Lieutenant chargé particuliérement de ce Service qu'il commandera à tour de rôle dans les Compagnies du Guet, défignera à châcun les Corps-de-Garde qu'elles devront garder; il aura attention que les Soldats & Gardes ayent au moins 4. coups à tirer; il vifitera lefdits Corps-de-Garde à châque mutation de Garde, vérifiera les Confignes & rendra compte du tout au Major du Bataillon.

Lorfque les Corps-de-Garde en Vedette appercevront un ou plufieurs Vaiffeaux, Frégattes ou Corfaires Ennemis, ils détacheront un Soldat de leur Corps-de-Garde pour en avertir les Corps-de-Garde à Batterie de Canon qui en fera le plus à portée.

Les Sergens de Garde conduiront & reconduiront leur Garde en bon ordre.

CONSIGNE DES CORPS-DE-GARDE.

Les Sentinelles des Poftes appercevant quelques Barques venir, appelleront leurs Caporaux.

L'Officier de Garde enverra reconnoître toutes les Barques & Batteaux qui aborderoient les Côtes, foit qu'elles arrivent à des Platins fufceptibles de defcente, foit qu'elles entrent dans des Rivieres.

Si les Barques ou Batteaux appartiennent à des gens du Pays connus, le Caporal les laiffera paffer.

Si au contraire elles font inconnuës ou fufpectes, il les arrêtera, & en avertira l'Officier, qui viendra lui même les reconnoître & les interroger, pour les laiffer paffer ou les arrêter, s'il le juge à propos.

L'Officier de Garde fera monter un Dragon à cheval auffi-tôt qu'il appercevra plufieurs Vaiffeaux ennemis approcher des Côtes, c'eft-à-dire trois ou quatre au moins, & l'enverra au Commandant de châque Bataillon détaché, pour l'informer par écrit de ce qui se passera, & la Garde prendra les armes.

Il y aura dans châque Capitainerie générale quatre Dragons ou Cavaliers destinés à faire journellement les Patroüilles sur les Côtes d'un Quartier à l'autre, deux desquels partiront tous les matins à cinq heures, & rentreront à midi; les deux autres partiront à midi, & rentreront à sept heures du soir.

Les Vaisseaux Ennemis paroissant à la vûë de châque Poste, l'Officier ordonnera les Signaux, *Sçavoir pour le jour* :

Trois ou quatre Vaisseaux ennemis paroissant à une lieuë en Mer, on fera un signal d'une fumée, & l'on arborera un petit Drapeau blanc.

Si la Flotte paroît de huit à dix Vaisseaux, l'on fera deux Signaux de fumée.

Si la Flotte ennemie se met en rade, on tirera un coup de Canon, alors les Bataillons détachés s'assembleront au rendez-vous indiqué.

Si elle débarque des Troupes dans des Chaloupes, on tirera deux coups de Canon, & l'on arborera le Drapeau rouge.

A ce Signal seulement les Paroisses sonneront le tocsin, pour que tous les Gardes-Côtes des Capitaineries ayent à s'assembler & se rendre promptement au Quartier général qui leur sera indiqué.

Si l'Ennemi se met en marche pour faire une descente, on tirera trois coups de Canon; le Drapeau rouge restera toujours en place.

On fera pendant la nuit les Signaux suivans.

D'un feu, 3. ou 4. Vaisseaux ennemis paroissant à une lieuë.

De deux feux, pour 8. ou 10. Vaisseaux.

On tirera un coup de Canon, l'Ennemi étant en Rade: Deux coups de Canon s'il débarque des Troupes, & trois coups de Canon s'il se met en marche pour faire une descente.

Les bataillons s'assembleront toujours au premier coup de Canon, & les Capitaineries au second.

Tous lesdits Signaux seront faits sur toute la Côte, de Corps-de-Garde en Corps-de-Garde, aussi-tôt qu'ils appercevront le premier Signal, & l'on repetera deux fois chaque Signal de Canon.

Si les Corps-de-Garde sont trop éloignés pour les appercevoir, l'Officier de Poste qui fera le premier Signal enverra promptement un Dragon pour avertir les Corps-de-Garde qui seront à sa droite & à sa gauche de faire les mêmes Signaux qu'il aura fait.

Nª. *Il sera consigné aux Sentinelles de tous les Postes de la Côte du Poitou & de l'Aunix, d'observer les Signaux qu'ils appercevront de l'Isle de Ré, afin que les Officiers les fassent repeter.*

Il sera pareillement consigné aux Sentinelles des Côtes de la Charente, ainsi que de la Saintonge, des Forts de Fouras, de l'Aiguille, de l'Isle Madame & du Fort Chappu, d'observer les Signaux qu'ils appercevront sur les Côtes d'Oleron, de Ré & de l'Isle d'Aix, pour les repeter pareillement à leurs Postes.

Il y aura dans châque Quartier Général deux Dragons qui partiront tous les matins au point du jour pour faire les Patroüilles de l'un à l'autre, en suivant exactement les bords des Côtes, & passant par les Corps-de-Garde.

Il leur sera marqué un Corps-de-Garde à moitié chemin où ils prendront un Certificat de l'Officier du Poste, de l'heure à laquelle ils seront arrivés, pour le remettre au Commandant à leur retour.

Châque Poste fera tous les jours deux Patroüilles de quatre hommes avec un Caporal, l'une au point du jour & l'autre une heure avant la nuit.

Lesdites Patroüilles iront le long de la Côte, à demie lieuë de droit & de gauche pour examiner sur les lieux élevés ce qu'ils verront en Mer, dont ils rendront compte au Commandant du Poste, qui en avertira le Commandant s'il se passe quelque chose d'intéressant.

Les Postes étant attaqués, ne se retireront qu'après avoir fait plusieurs décharges sur l'Ennemi, dont ils avertiront aussi-tôt ledit Commandant qui fera marcher des Troupes pour les soutenir.

Que si lesdits Postes étoient forcés par la supériorité de l'Ennemi de les quitter, ils se tiendront toujours à portée de fusiller en faisant leur retraite à cent pas de distance afin de contenir l'Ennemi & donner le tems aux Troupes de les secourir.

Les Officiers de châque Corps-de-Garde feront faire l'exercice à leurs Soldats tous les jours à quatre heures après midi.

Il sera fait un état de tous les effets & Ustenciles de châque Corps-de-Garde dont les Officiers se donneront l'un à l'autre un reçû pour en répondre.

Les Corps-de-Garde seront balayés tous les matins avant l'arrivée du Poste qui relevra.

L'Officier de Poste sera chargé de la conservation des fagots placés dans châque Corps-de-Garde pour les Signaux, lesquels seront consignés d'un jour à l'autre à châque Officier de Garde.

DÉFENSES.

Il est défendu à tous Soldats de porter à sa Garde plus d'une bouteille de vin, ainsi qu'à toutes autres personnes de leur en porter.

Tout Soldat de Poste dont l'Officier n'aura pas été content, ne sera pas relevé & restera au Poste pour faire de quatre heures en quatre heures la Faction qui sera ordonnée par l'Officier.

Tout Soldat qui ne sera pas rendu à son Poste, sera mis en prison pour le tems que l'Officier jugera à propos.

Défense à tout Soldat de s'éloigner de son Poste sous peine de prison.

Défense à tout Soldat de tirer, soit en allant au Poste, soit en revenant,

SERVICE DES CANONIERS.

Du premier Mai.

La moitié des Canoniers devant être tirée des Bataillons & l'autre des Capitaineries, le Major de châque Bataillon & l'Officier faiſant le détail auront un état des hommes que les Bataillons devront fournir.

Les Canoniers tirés des Bataillons ne ſeront pas commandés pour le Service des Corps-de-Garde, mais ils ſe trouveront à l'aſſemblée des Bataillons lorſqu'ils cantonneront ou camperont.

Le Capitaine ou Lieutenant nommé pour le Service des Corps-de-Garde de Vedette fera pareillement le détail de celui des Canoniers dont il aura le Contrôle qu'il donnera au Major de châque Bataillon; Il aura attention de ne point commander les Canoniers tirés des Capitaineries pour d'autre Service que celui des Batteries; cet Officier aura 50. livres par mois, à commencer du premier Mai.

Le Major de châque Bataillon & l'Officier chargé du détail auront châcun deux états par Détachement de châque Garde pour le Service des Canoniers tirés de leurs Bataillons & de celui des Capitaineries, afin de les commander alternativement & les repartir ſur châque Batterie.

Les Canoniers des Capitaineries feront ſeuls le Service des Batteries lorſque les Bataillons ſeront cantonnés ou campés, afin de ne les point affoiblir.

Les Canoniers commandés ſeront aſſemblés à ſix heures du matin les jours qu'ils devront aller aux Batteries.

Les Officiers chargés de ce détail les compteront, formeront les Détachemens & donneront à châque Sergent qui les conduira le nom de la Batterie où ils devront ſe rendre à 9. heures préciſes du matin.

Les Sergens des Canoniers conduiront châcun leur Détachement aux Batteries, en donneront un Contrôle à l'Officier de la Marine qui y commandera, dont ils prendront un reçû qu'ils raporteront aux Officiers chargés du détail des Canoniers; le Major du bataillon en fera un état général à châque mutation du Service, pour le donner à l'Inspecteur général des Côtes.

Lesdits Sergens ne feront d'autre Service que celui de conduire les Détachemens, pourquoi ils seront payés à raison de 12. sols les jours qu'ils conduiront.

Il n'y aura aux Batteries, quant à présent que 450. Canoniers portés par l'état particulier pour garnir seulement les Batteries des Signaux, mais comme ils pourroit devenir nécessaire de faire marcher la totalité des Officiers chargés du détail des Canoniers, leur donneront un état par Détachemens des Canoniers qui devront se porter à châque Batterie en cas de besoin, conformément à l'état général des Batteries.

Les Canoniers étant de Service, seront assemblés de proche en proche aux Batteries principales de châque Province pour être exercés.

SERVICE DES PIQUETS.

Du premier May.

Il sera placé deux Cavaliers ou Dragons dans les villages nommés dans l'état ci-joint, éloignés de deux à trois lieuës l'un de l'autre, pour faire passer à Monsieur le Comte de Chabannes à la Rochelle, les nouvelles qu'on apprendra de l'Ennemi dans châque partie des Côtes, comme aussi pour avertir les Commandans de châque Province.

Messieurs les Majors des Bataillons & des Capitaineries prendront un état exact des noms desdits Cavaliers ou Dragons de Piquet, des Paroisses dont ils seront, ainsi que celui de leur Capitaine, pour qu'ils soient commandés à tour de rôle, ce dont les Maréchaux des Logis & Brigadiers de Dragons répondront.

Un des Cavaliers ou Dragons de Piquet, aura son cheval tous les jours sellé, & l'autre sellera le sien, pour se tenir prêt à marcher

cher auſſi-tôt que le premier ſera parti.

On placera des hommes à pied dans les Capitaineries où il n'y aura ni Cavaliers, ni Dragons.

Le Commandant de châque Province ayant reçû l'avis d'un Officier de Poſte ou de Patroüille de ce qui paroîtra de l'Ennemi, dépêchera auſſi-tôt un Cavalier de Piquet, pour en faire paſſer la nouvelle par écrit de l'un à l'autre juſqu'à la Rochelle, où ſera Monſieur le Comte de Chabannes, il aura attention de datter ſa lettre & de marquer l'heure à laquelle le Cavalier ſera parti.

Les Cavaliers porteurs de la lettre prendront de l'un à l'autre les certificats de l'heure à laquelle ils feront arrivés à châque lieu.

Si la nouvelle que le Commandant apprendra de l'Ennemi par les Officiers des Poſtes merite attention, il ſe portera lui-même ſur les lieux, & enverra un ſecond Courrier à Mr. de Chabannes, pour l'informer par écrit de tout ce qu'il aura vû.

Les Dragons de Piquet ſeront tirés ſur la totalité des Dragons de châque Capitainerie.

Le Service des Piquets ſe continuera juſqu'à nouvel Ordre.

SERVICE DES DRAGONS,

à commencer lorſqu'il ſera ordonné.

Les Compagnies de 40. Dragons ſeront diviſées en 5. Brigades, composées châcune de 2. Brigadiers & 6. Dragons.

Le Capitaine général de Dragons & le Lieutenant dans châque Province, les aſſembleront alternativement par moitié tous les Dimanches pour les exercer aux manœuvres de la Cavalerie.

Ces Compagnies des Dragons feront des Patroüilles ſur les Côtes par demies Brigades, compoſées d'un Brigadier & trois Dragons lorſque ce Service ſera ordonné.

Dans les cas ou le Service des Patroüilles ſera ordonné, il y aura tous les jours deux demi-Brigades par Capitainerie qui ſeront continuellement des Patroüilles ſur les Côtes dans toute l'étenduë de leur Capitainerie.

Ces Patroüilles commenceront au point du jour & finiront à la nuit, obſervant qu'une demi-Brigade ſuivra la Côte de la droite juſqu'au Corps-de-Garde du centre, où il ſe trouvera une Batterie, & l'autre de la gauche juſqu'au dit centre, dont elles feront deux fois le trajet dans la journée.

Les Brigadiers Commmandans leſdites Patroüilles, s'informeront réciproquement de ce qu'elles auront apperçû, & en avertiront pareillement les Officiers commandans aux Batteries, dont ils prendront un reçû de l'heure à laquelle ils reviendront châque fois de faire leurs Patroüilles.

Si les Patroüilles apperçoivent quelques Vaiſſeaux, Fregates où Corſaires Ennemis, ils en avertiront promptement les Officiers Commandans aux Batteries, & détacheront auſſi-tôt un Dragon pour en informer le Commandant du Bataillon le plus à porté.

Les Détachemens de Dragons faiſant des Patroüilles feront payés à raiſon de vingt ſols par Brigadier, & 16. ſols par Dragon.

RÉPÉTITION

Des Signaux qui ſe feront tous les mois ſur les Côtes.

Cette répétition ſervira d'inſtruction pour avertir les Troupes de ce qu'elles auront à faire en cas que l'Ennemi voulût tenter une deſcente ſur les Côtes.

ISLE DE NOIRMOUTIERS.

Le premier Signal ſera donné à l'Iſle de Noirmoutiers à 9. heures du matin par les Batteries de Luzeronde, de la pointe de Cobe & de St. François.

L'Isle de Bouin y répondra par ses trois Batteries.

SAINT GILLES.

La Batterie de la Grosse donnera le premier Signal à 9. heures du matin.

La Batterie de l'Ance du Repos & de la Gaschere y répondront.

Ces Signaux venant de l'Isle de Noirmoutiers, seront répétés sur les Côtes du Poitou & de l'Aunix.

OLLONNES.

Le premier Signal partira de la Batterie de la hauteur de St. Nicolas à 9. heures du matin.

Ce Signal sera suivi de toutes les Batteries de la Côte du Poitou, nommées pour marquer les Signaux, & passeront successivement par l'Aunix jusqu'à la Rochelle où ils s'arrêteront à la pointe de Chef-de-Baye inclusivement.

Les Côtes de l'Isle de Ré répondront aux Signaux de celles du Poitou & de l'Aunix.

Les Côtes de l'Isle d'Olleron répondront aux Signaux de l'Isle Ré.

L'Isle Daix répondra aux Signaux de l'Isle d'Olleron.

La Batterie de la Pointe deMudeloup répondra pareillement aux Signaux de l'Isle d'Olleron.

Les Batteries de l'embouchûre de la Charente devant faire le Signal, répondront aux Signaux de l'Isle Daix.

Les Signaux de la Charente seront suivis par ceux de l'Aunix qui les feront successivement jusqu'à la pointe du Minimet inclusivement.

Le Signal pour la Saintonge partira de la Bonne Ance & sera suivi successivement jusqu'à la Batterie de Talmont inclusivement.

SAINTONGE.

Les Signaux partant de la Bonne Ance ſur la Garonne ſe répétront par les Batteries de Mudeloup, le Fort Chappu, Bourſefranc, la Paſſe aux Fittes, le Fort Fouras, la Redoute de l'Éguille, Châtellaillon & le Ché pour venir à la pointe des Minimes incluſivement, les Iſles ne répondront pas à ces Signaux.

LES ISLES.

Les Iſles de Ré, d'Olleron & Daix ſe répéteront réciproquement les Signaux qu'elles feront, les Batteries de la Côte d'Aunix y répondront pour être rendus à la Rochelle.

Tous ces Signaux commenceront par un coup de Canon.

Le ſecond qui ſe fera demie heure après ſera de deux coups de canon.

Le troiſième ſe fera par trois coups de Canon demie heure après le ſecond.

On arborera le Drapeau rouge au Signal de deux coups de Canon, & le Drapeau blanc au Signal de trois coups de Canon, le premier & le ſecond Pavillon reſtans toujours placés.

Tous les Corps-de-Garde de toutes les Côtes feront le Signal de la fumée & arboreront le Drapeau rouge au Signal de deux coups de Canon.

Ils arboreront le Drapeau blanc au Signal de trois coups de Canon, le Drapeau rouge reſtant placé.

Les Troupes feront leurs manœuvres ſur les Côtes auſſi-tôt les Signaux finis, cet exercice durera juſqu'à midi que les Troupes ſe retireront, alors on fera éteindre tous les feux des Signaux aux Corps-de-Garde & on retirera les Pavillons.

Les Bataillons auront ordre de battre la Générale au premier Signal d'un coup de Canon qui avertit qu'une Flotte conſidérable de l'Ennemi paroît à la portée des Côtes.

Le Signal de deux coups de Canon désignant que la Flotte ennemie moüille à portée des Côtes ; les Bataillons battront l'assemblée & marcheront sur la Côte pour l'observer.

La totalité des Canoniers de la Province où l'Ennemi tenteroit une descente, se porteront promptement aux Batteries qui leur auront été désignées aussi-tôt qu'ils entendront le Signal de deux coups de Canon, & les Officiers chargés de leur Service visiteront aussi-tôt lesdites Batteries pour être assurés que tous les Canoniers seront arrivés à leurs Postes.

Les Capitaineries du Guet battront la générale au second Signal, l'assemblée au troisième & s'assembleront au centre de châque Capitainerie où ils recevront les ordres des Commandans des Bataillons pour se porter à leur secours en cas de besoin.

Tous les Officiers du Guet se rendront à l'assemblée de leur Capitainerie, il en sera détaché un Officier à cheval qui viendra prendre les ordres du Commandant de Bataillon.

ORDRE GÉNÉRAL

En cas que l'Ennemi tentât une descente sur les Côtes.

Les Signaux seront faits, comme il vient d'être dit, dans la partie où l'Ennemi se présenteroit & seront répétés par les Batteries de proche en proche pour se communiquer à toutes les Côtes afin d'avertir les Troupes de se tenir sur leur garde.

On aura atention d'avertir les Commandans des Bataillons du lieu d'où partiront les premiers Signaux, où ils se rendront promptement afin d'y faire marcher les Troupes qu'ils croiront nécessaires pour s'opposer à la descente que l'Ennemi tenteroit.

Les Commandans des Bataillons enverront aussi-tôt un Dragon à cheval pour en informer par écrit le Commandant de la Province ,& lesdits Commandans en chef feront passer par les Dragons de Piquet à Mr. le Comte de Chabannes ce que l'Ennemi tenteroit afin qu'il puiſſe ſe porter à leur ſecours, ils feront cependant marcher les Troupes qui ſont à leurs ordres dans les parties menacées.

Les Bataillons s'aſſembleront promptement au Signal de deux coups de Canon, les Officiers s'y rendront pour les faire marcher tout de ſuite ſur les Côtes dans le lieu qui leur ſera déſigné par le Commandant ſur l'étenduë du terrein qu'ils devront garder, d'où ils ſeront portés auſſi-tôt dans la partie menacée par l'Ennemi.

Les Commandans des Bataillons devront avoir reconnu les lieux d'aſſemblée, en donneront l'état aux Majors qui en préviendront tous les Officiers de chaque Bataillon.

Les Officiers des Capitaineries ſe rendront à leurs Compagnies auſſi-tôt qu'ils entendront tirer le ſecond coup de Canon ils les aſſembleront diligemment & les conduiront au rendez-vous général de la Capitainerie, les Officiers ſeront à cheval, un deſquels ſera détaché par le Lieutenant de la Capitainerie pour aller recevoir les ordres du Commandant de Bataillon.

Les Commandans des Bataillons déſigneront pareillement les rendez-vous pour l'aſſemblée des Capitaineries dont ils donneront l'état au Major & Lieutenant qui en préviendront les Officiers.

Les Soldats des Bataillons auront chacun 20. coups à tirer, & ceux du Guet 4. coups ſeulement, la Poudre & les Balles ſeront tirées des Magaſins de la Côte pour en munir les Troupes.

Que s'il arrivoit que les Poſtes des Côtes fuſſent forcés par la ſupériorité de l'Ennemi, les Bataillons ſe raſſembleront dans les lieux qui leur ſeront déſignés; il eſt de la prudence des Commandans de les reconnoître & de choiſir les Poſtes les plus avantageux pour les garder & défendre le plus qu'il ſe pourra, ayant attention de ſe tenir toujours à portée de l'Ennemi pour le harceler & fuſiller afin de l'empêcher de pénétrer dans le Pays & donner le tems aux ſecours d'arriver.

On aura très-grande attention de faire reconnoître les Signaux avant de faire marcher les Troupes, d'autant que les coups de Canon tirés par les Batteries des Côtes ſur les Frégattes, Corſaires & autres Bâtimens de cette eſpéce, ne ſerviront pas de Signaux à moins qu'ils ne ſoient accompagnés des Pavillons rouge ou blanc pendant le jour ou de feux pendant la nuit.

CANTONNEMENS.

Les 20. Bataillons Garde-Côtes cantonneront par moitié des Grenadiers & le quart de Fuſiliers pendant 4. ſemaines, à commencer du Dimanche 26. Mai.

Il ſera diminué ſur le quart des Fuſiliers ſeulement le nombre des hommes détachés pour le Service des Corps-de-Garde de défenſe, le Service des Canoniers devant être tiré des Capitaineries pendant que les Bataillons cantonneront.

Les Commandans des Bataillons ſeront aux Cantonnemens des Troupes ainſi que l'État-Major & tous les Officiers.

Les Soldats ſeront exercés tous les jours depuis 7. heures juſqu'à 10. heures du matin, au maniement des Armes; on les fera tirer homme par homme 4. coups à quart de charge, & lorſqu'après quatre jours ils ſçauront bien tirer, on les fera tirer par rang & par peloton les trois autres.

Ils ſeront aſſemblés tous les jours à 4. heures après midi pour leur apprendre les Évolutions qui ſe réduiront à marcher par quart de rang pour ſe former en Bataille & ſe rompre par des quarts de converſion ; ils marcheront en Bataille & on les accoutumera à détacher un peloton compoſé d'un quart de rang pour marcher en avant & tirer par rang, châque rang qui aura tiré mettant le genoüil en terre pour que les rangs puiſſent tirer ſucceſſivement pardeſſus ceux qui auront tiré.

Il y aura à châque Cantonnement un Officier tiré des Troupes réglées pour aider les Majors des Bataillons Garde-Côtes à commander les exercices des Cantonnemens; ils auront, comme il s'est pratiqué l'année derniere, 100. livres de gratification châcun.

Il y aura pareillement deux Sergens, deux Caporaux par Bataillon, tirés des Troupes réglées pour exercer en détail les Soldats des Bataillons Gardes-Côtes, ils seront payés comme il s'est pratiqué l'année derniere à raison de 12. sols par Sergent & de 8. sols par Caporal.

Les Tambours de châque Bataillon, seront exercés à battre l'Ordonnance par un Tambour des Troupes régles, auquel il sera donné douze sols par jour pendant le Cantonement.

On fera une répetition générale des Signaux le 23. Juin, dernier Dimanche qui finira les Cantonemens.

La totalité des Battaillons sera assemblée à 7 heures du matin.

Au premier coup de Canon châque Bataillon se mettra en Bataille sur le terrein qui lui sera marqué, à porté de celui qu'il doit garder en cas d'attaque, conformément à l'emplacement marqué à l'article des Signaux, & l'on y fera la répartition des Postes.

Au deuxiéme coup de Canon les Détachemens marcheront à leurs Postes.

Au troisiéme coup de Canon, ils feront dans leurs Postes deux décharges de Mousqueterie.

Cet exercice fini, les Bataillons seront rassemblés à midi pour être envoyés dans leurs Villages, où les Capitaines & Lieutenans conduiront châcun leurs Compagnies.

La Totalité des Canoniers, tant des Battaillons que des Capitaineries, s'assembleront avec les Battaillons pour être répartis les jours de Signaux, comme ils devront être en cas de descente de la part de l'Ennemi.

DES CAMPS.

Les demies Compagnies de Grenadiers & le quart des Fusiliers de châque Bataillon, seront détachés pour camper sur les Côtes.

Côtes, lorſqu'il ſera ordonné, la poſition des Camps leur ſera marquée.

Il ſera diminué ſur le quart des Fuſiliers, ſeulement le nombre des hommes détachés pour le Service des Corps-de-Garde de défence, le Service des Canoniers devant être tiré des Capitaineries, pendant que les Bataillons camperont.

Les Commandans des Bataillons & tous les Officiers ſe trouveront à l'aſſemblée des Bataillons & à tous les exercices, ils logeront dans le Village le plus près du Camp, excepté un Officier Major avec deux Lieutenans par Bataillon qui camperont à la queuë du Camp.

Ces Détachemens ſeront exercés à tirer, marcher, camper & décamper, ainſi qu'à faire les évolutions de guerre & tout le Service de Campagne ſur les Côtes.

Les Bataillons décamperont deux fois par ſemaine à 5. heures du matin, ils marcheront avec leurs Armes & leurs tentes & rentreront dans leurs Camps à dix heures du matin pour recamper.

Les Grenadiers marcheront de deux jours l'un pour camper ſéparément à demie lieuë du Camp des Bataillons, ils viendront prendre leur bois & la paille au Camp des Bataillons.

Les Bataillons s'aſſembleront en entier aux Camps le dernier Dimanche que durera ledit Camp, on y fera une repetition des Signaux, comme il a été dit à l'article des Cantonemens.

La totalité des Canoniers, tant des Bataillons que des Capitaineries s'aſſembleront avec leurs Bataillons pour être repartis ſur les Batteries.

DÉTAIL DU SERVICE DU CAMP.

On fera les défenſes à l'ordinaire, en publiant les Banes à la tête du Camp.

La Garde battra au Soleil lévant, & la retraite à Soleil couchant, l'Ordre ſe donnera auſſi-tôt après la retraite.

Les Apels feront faits trois fois par jour, un Officier de châque Compagnie préfent, lequel en donnera l'état au Major pour le remettre au Commandant de châque Camp.

On pofera trois Sentinelles jour & nuit pour empêcher les Soldas d'entrer dans les Villages & Vignes.

Il fera fourni à châque Garde-Côte par jour deux coups de Poudre pour tirer à demi charge quatre coups, dont trois fe tireront en détail, homme par homme, afin de leur apprendre à bien mettre en jouë.

Le dernier coup fe tirera par rang, en faifant mettre fucceffivement trois rang genoüil à terre.

La Poudre fera prife au magafin des Batteries.

Le Service des Compagnies du Regiment d'Eu, des Grenadiers Royaux, & des Bataillons Gardes-Côte, fera mêlé quant aux Sergens, Caporaux, Anfpeffades & Soldas pour faire enfemble le Service de Brigade.

Quant au Service des Officiers, les Capitaines & Lieutenans des Troupes reglées commanderont les premiers Detachemens, & lorfqu'ils auront coulé à fond leurs Services, le plus ancien Capitaine ou Lieutenant Garde-Côte releveront les Capitaines & Lieutenans des Troupes reglées, pour faire le Service à leur tour.

Le Service confiftera en un Piquet par Camp de 50. hommes, un pofte de cinquante hommes, une Garde de Camp de 12. hommes avec un Sergent par Bataillon.

Les Piquets feront des Patroüilles au tour du Camp, pour empêcher que perfonne n'en forte pour aller dans les Vignes.

Meffieurs les Commandans des Battaillons vifiteront leurs Camps tous les jours, & feront préfens aux exercices.

Il y aura un Aumônier par Camp.

Il fera commandé une Brigade de Maréchauffée qui fera logée à portée de châque Camp, pour contenir les Troupes, & arrêter les Soldats qui feroient du défordre.

La Paille & le Bois fera fourni aux Troupes conformement

aux états qui en ont été donnés l'année derniere.

Les Soldats Garde-Côte malades seront renvoyez chez eux sans paye, à moins qu'ils n'aiment mieux être mis à l'Hôpital, auquel cas leur paye sera donnée à l'Hôpital.

DÉTAIL DE LA FOURNITURE

de l'année 1748.

BOIS.

Il sera fourni dix Buches par semaine à châque Chambrée de huit hommes, Sergens ou Soldas.

Les Compagnies du Regiment d'Eu, & Grenadiers Royaux seront fournies au prorata.

Il sera fourni à châcun des Officiers campés une Buche par jour.

Il y aura une Garde du Camp à châque Bataillon, à laquelle sera fourni une Buche par nuit.

PAILLE.

Il sera fourni dix livres de Paille par Soldat, laquelle sera rafraichie toutes les semaines par cinq autres livres.

On fournira à châque Officier Campé vingt livres de Paille par semaine.

USTENCILES POUR LES TENTES.

Il sera fourni aux Soldas les Fourches, traverses & Piquets pour camper, dont on fera marché sur les lieux.

On fournira pareillement aux Officiers campés lesdites Ustenciles nécessaires.

POITOU.

ÉTAT GÉNÉRAL DU SERVICE DU POITOU.

CORPS-DE-GARDE DE DÉFENSE.

Bataillons.	LIEUX DES CORPS-DE-GARDE.	Sergens & Caporaux.	Nombre d'hommes.
Isle Boüin. 2 Compagnies	Au Parateau	Ca. 1.	. . 7.
Noirmoutiers. 2 Compagnies	A la Pointe de Luzeronde	Ca. 1.	. . 7.
	Au Grand - Vieil	Ca. 1.	. . 7.
	Au Sableau	Ca. 1.	. . 7.
	Au Corps-de-Garde de St. François	Ca. 1.	. . 7.
	TOTAL . . .	. . 4.	. . 28.
Barre de Mont & Croix de vic 2. Bataillons.	A La Grosse, Regiment d'Eu	Ca. 1.	. . 7.
Sables d'Ollonnes. 2. Bataillons.	A la Saufay	Ca. 1.	. . 7.
	A l'Ance du Repos	Ca. 1.	. . 7.
	A St. Nicolas, Regiment d'Eu	S. . 1.	. . 15.
	A la Tranchette	Ca. 1.	. . 7.
	TOTAL . . .	. . 4.	. . 36.
St. Benoît. 1. Bataillon.	Au Peray, Régiment d'Eu.	Ca. 1.	. . 7.
	Au Brejay dejard, ou Conchette, Regiment d'Eu.	Ca. 1.	. . 7.
	A la Tranche.	Ca. 1.	. . 7.
	TOTAL. . . .	. . 3.	. . 21.
	A l'embouchure de la Riviere de St Benoît, Grenadiers Royaux.	Ca. 1.	. . 7.
	A la pointe de l'Eguillon, Grenadiers Royaux.	S. . 2.	. . 15.
	TOTAL. . . .	. . 2.	. 22.
	TOTAL général des hommes. . . .	. . 15.	. 121.

CORPS-DE-GARDE DE VEDETTE.

Capitaineries.	LIEUX DES CORPS-DE-GARDE.	Caporaux.	Nombre d'hommes.
Isle Boüin.	Aux Pouesses.	Ca. 1.	. . 6.
	A la Barre brulée.	Ca. 1.	. . 6.
	A la Ville au pied de la tour.	Ca. 1.	. . 6.
	TOTAL. . . .	. . 3.	. . 18.
Noirmoutiers.	Au Marais bouché.	Ca. 1.	. . 6.
	A la Lande.	Ca. 1.	. . 6.
	A la Guairinière.	Ca. 1.	. . 6.
	A la Bassotiere.	Ca. 1.	. . 6.
	A la Fosse.	Ca. 1.	. . 6.
	TOTAL.	. . 5.	. . 30.
Barredemont & Croix-de-vic	A la Barredemont.	Ca. 1.	. . 6.
	A notre-Dame-Demont	Ca. 1.	. . 6.
	A St. Jean Demont.	Ca. 1.	. . 6.
	A l'Ance de Sion.	Ca. 1.	. . 6.
	TOTAL. . . .	. . 4.	. . 24.
Sables d'Ollonnes.	A Caliola.	Ca. 1.	. . 6.
	A Pierre noire.	Ca. 1.	. . 6.
	Au Laubray.	Ca. 1.	. . 6.
	A la maison de Ville.	Ca. 1.	. . 6.
	A la Fontaine.	Ca. 1.	. . 6.
	TOTAL.	. . 5.	. . 30.
St. Benoît.	A la pointe de Groüin.	Ca. 1.	. . 6.
	A la Faute.	Ca. 1.	. . 6.
	TOTAL. . . .	. . 2.	. . 12.
Luçon.	A l'Éguillon.	Ca. 1.	. . 6.
	A l'embouchure de la Riviere de Marans, ou de Seyvre.	Ca. 1.	. . 6.
	TOTAL.	. . 2.	. . 12.
	TOTAL général des hommes.	. . 21.	. 126.

SERVICE DES CANONIERS.

ETAT général des Canoniers tirés des Bataillons & des Capitaineries pour le Service de toutes les Batteries.

Bataillons & Capitaineries.		Canoniers.
Isle de Boüin.	A la Barre brulée.	8.
	Au Parateau.	12.
	A la Batterie de l'Epoix.	10.
	TOTAL.	30.
Noirmoutiers.	Le Coquelin ou Marais bouché.	8.
	Luzeronde.	8.
	La pointe de l'Herbaudiere.	8.
	La Gardette.	8.
	La Magdelaine.	8.
	Au Vieil.	4.
	Au grand Vieil.	12.
	A l'Ance de la Claire.	12.
	A la pointe de Cobe.	12.
	A la pointe du Tambourin	12.
	A placer à la pointe de la Chaise.	12.
	A la pointe du Fort St. Pierre.	12.
	Au Sableau.	14.
	A la pointe du Sableau.	14.
	TOTAL.	144.
Barredemont & Croix-de-vic.	A l'Ance de la Gaschere.	9.
	A l'Ance du Repos	9.
	A la pointe de la Grolle près St. Gilles	18.
	TOTAL.	36.
St. Gilles & les Sables.	Au Corps-de-Garde du Tranchet.	18.
	A la Batterie de la Fontaine.	11.
	Au Nord du Château.	5.
	A la Barre.	11.
	Au Fort Joyeux.	11.
	Au centre du Cimetiere.	25.
	Au Pas de Dieu.	11.
	Batterie de l'Époix.	5.
	Dans le centre du Platin.	11.
	TOTAL.	108.

SUITE DU SERVICE DES CANONIERS.

Bataillons & Capitaineries.		Canoniers.
St. Benoît.	A la Tranche.	. . 18.
	Au Havre de la Conchette ou Bregey du Jard. près le Moulin.	. 18.
	A la pointe du Payré.	. . 18.
	TOTAL. . . .	. . 54.
Luçon.	En dehors de la Redoute de l'Éguillon. . . .	. . 36.
	Au Corps de Garde de l'Éguillon.	. . 18.
	TOTAL. . . .	. . 54.

TOTAL général des Canoniers. . . . 426. hommes.

SIGNAUX.

ÉTAT particulier des Canoniers toujours de Service aux Batteries à Signaux.

Bataillons & Capitaineries.		Sergens & Caporaux.	Nombre d'hommes.
Isle Boüin.	Au Parateau.	Ca. 1.	. 6.
Noirmoutier.	A la pointe de Luzeronde.	Ca. 1.	. 6.
	Au Grand-Vieil.	Ca. 1.	. 6.
	A la pointe de Cobe.	S. . 1.	. 12.
	Au Sableau.	Ca. 1.	. 6.
	Au Corps-de-Garde de St. François. . . .	Ca 1.	. 6.
	TOTAL. . . .	. . 36.	. 5.
Barredemont & Croix-de-vie	A la Grosse.	S. . 1	. 2.

Bataillons & Capitaineries.		Sergens & Caporaux.	Nombre d'hommes.
Les Sables & St. Gilles.	A la Sauzay, la Batterie est à la Gaschere.	Ca. 1.	6.
	A l'Ance du Repos.	Ca. 1.	6.
	A St. Nicolas.	S. . 1.	18.
	A la Tranchette.	Ca. 1.	6.
	TOTAL.	. . 4.	. . 36.
St Benoît.	Au Peray.	Ca. 1.	6.
	Au Brejay de Jard.	Ca. 1.	6.
	A la Tranche.	Ca. 1.	6.
	TOTAL.	. . 3.	. . 18.
Luçon.	A l'embouchure de la Riviere de St. Benoît.	Ca. 1.	6.
	A la pointe de l'Éguiilon.	S. . 1.	12.
	TOTAL.	. . 2.	18.
	TOLAL général des hommes.	. . 16.	. 126.

Les Officiers Majors, & les Officiers du détail des Bataillons du Poitou feront aussi le détail du Service des Corps-de-Garde & des Canoniers.

ETAT des Piquets établis pour les Communications.

Capitaineries.	*POSTES*	hommes de Piquets.
Beauvoir.	A Beauvoir.	2.
	A la Barredemont.	2.
	A St. Gilles.	2.
	TOTAl	. . 6.
Les Sables de St. Benoît.	Aux Sables d'Ollonnes.	1.
	A Talmont.	1.
	A la Longeville.	1.
	A Mauric.	1.
	TOTAL.	. 4.
Luçon.	A St. Michel.	2.
	Les Portes.	2.
	TOTAL.	. 4.
	TOTAL général des hommes de Piquet. . . 14.	

SERVICE DES DRAGONS.

*ETAT des Dragons faisant les Patroüilles par cinq.*me *de Compagnie.*

	Dragons.	Détachemens.
A la Barredemont deux Compagnies.	. 80.	. 16.
A St. Benoît une Compagnie.	. 40.	. 8.
A Luçon une Compagnie.	. 40.	. 8.
TOTAL. . . .	. 160.	. 32.

CANTONNEMENS.

ETAT des Troupes qui cantonneront par semaine par moitié des Grenadiers & par quart des Fusiliers.

		Grenadiers.	Fusiliers.
Le Bataillon de la Barredemont. . .	à Beauvoir.	. 40.	. 80.
Le Bataillon de Croix-de-vic. . .	à Croix-de-vic.	. 40.	. 40.
Le premier Bataillon d'Ollonnes. .	à Saint Gilles.	. 40.	. 80.
Le second Bataillon.	aux Sables d'Ollonnes. .	. 40.	. 80.
Le Bataillon de Saint Benoît. . . .	à Mauric.	. 50.	. 80.
Le Bataillon de Luçon.	à ~~[illegible]~~ Luçon	. 40.	. 80.
TOTAL général des hommes. . . .		. 250.	. 440.

REGIMENT D'EU.

2 Compagnies. . à Beauvoir.
1. . . . . . . à St. Gilles.
2. . . . . . . aux Sables d'Ollonnes.
2. . . . . . . à Ollonnes.
[illegible]. Compagnies.

GRENADIERS ROYAUX.

2 . . . . . . à la Longeville.
1. . . . . . . Au Jaard.
1. . . . . . . à Moutier les Maufais.
1. . . . . . . à S. Michel en l'herme.
1. . . . . . . à Champagné.
6. Compagnies.

CAMPEMENS.

ETAT des Camps que formeront les Bataillons Garde-Côte, avec les Troupes réglées.

A la Barredemont, 2. Compagnies du Regiment d'Eu, avec la Compagnie de Grenadiers du Bataillon de la Barredemont,

Le Bataillon de la Barredemont ne campera pas.

A St. Gilles & Croix-de-vic, le Bataillon de St. Gilles & la Compagnie de Grenadiers de Croix-de-vic, avec une Compagnie du Régiment d'Eu.

Le Bataillon de Croix-de-vic ne campera pas.

A Ollones, le Bataillon d'Ollones avec quatre Compagnies du Régiment d'Eu.

Au Jaard, le Bataillon de St. Benoît, & quatre Compagnies de Grenadiers Royaux.

A St. Benoît, le Bataillon de Luçon avec deux Compagnies de Grenadiers Royaux.

DETAIL de l'emplacement des Troupes dans les Postes qu'elles devront occuper en cas d'attaque.

LE BATAILLON DE LA BARREDEMONT,

A la Barredemont & à St. Jean demont, deux Compagnies du Régiment d'Eu, avec le Bataillon de la Barredemont, pour occuper les Postes de la Côte, depuis la Barredemont, jusqu'à l'Ance de Sion, le tout prêt à être jetté dans l'Isle de Noirmoutiers, ou Croix-de-vic en cas de besoin.

A Beauvoir 300. hommes du guet pour être jettés dans l'Isle de Boüin.

LE BATAILLON DE CROIX-DE-VIC.

A Croix-de-vic, une Compagnie du Regiment d'Eu, & le Bataillon de Croix-de-vic pour garder l'Ance de Sion, & le retranchement de la Grosse.

Quatre cent hommes de guet en deux lignes, à St. Hilaire de Riez.

I. BATAILLON D'OLLONES.

A St. Gilles, un Bataillon d'Ollonnes pour garder St. Gilles, Les Ances du repos & de la Gaschere.

Quatre cens hommes du Guet à St. Nicolas de Bremes.

I. BATAILLON D'OLLONNES.

A Ollones quatre Compagnies du Regiment d'Eu, un demi Bataillon Garde-Côte aux Sables d'Ollonnes.

Sur la hauteur du Tranchet, un demi Bataillon d'Ollones avec une Compagnie du Regiment d'Eu.

Deux cens hommes du Guet, à l'embouchure du Jaard.

BATAILLON DE St. BENOIST.

Au Viellòn, deux Compagnies de Grenadiers Royaux.

Au Jaard, une Compagnie de Grenadiers Royaux.

Le Bataillon de St. Benoît pour garder la Côte, depuis le Jaard, jusqu'à la Tranche.

Une Compagnie de Grenadiers Royaux à la Faute sur la Riviere de Laye.

Deux cens hommes du Guet à Mauric, ayant un Poste dans la Tour.

BATAILLON DE LUÇON.

A la pointe de l'Éguillon, deux Compagnies de Grenadiers Royaux, avec la Compagnie de Grenadiers du Bataillon de Luçon.

Deux Compagnies du Bataillon de Luçon à l'Éguillon.

Une Compagnie à la Batterie du Corps-de-Garde.

Cent hommes du Guet à l'ancien fort de l'Éguillon.

Une Compagnie du Bataillon de Luçon, aux redoutes qui sont à l'embouchure de la Riviere de Seyvre.

Cent hommes du Guet à Ste. Radegonde.

RÉSERVE.

Huit Compagnies du Regiment de Chabrillant en réserve près d'Ollones.

Deux Compagnies de Dragons Garde-Côte, à St. Gilles & deux à Ollonnes.

OBSERVATIONS.

Les Troupes ainsi placées sur la Côte, se replieront promptement sur la partie ou l'Ennemi tenteroit réellement une descente, l'orsque le Commandant de châque Province l'ordonnera, ce dont il avertira aussi-tôt Mr. le Comte de Chabnnes.

A U N I S.

ÉTAT GÉNÉRAL DU SERVICE DE L'AUNIS.

CORPS-DE-GARDE DE DÉFENSE.

Bataillons.	LIEUX DES CORPS-DE-GARDE.	Sergens & Caporaux.	Nombre d'hommes.
Marans. 1. Bataillon.	Au Coup de Vagues.	Ca. 1.	. . 7.
La Rochelle. 2. Bataillons.	Au Plomb.	S. . 1.	. . 8.
	A l'Arepentie.	Ca. 1.	. . 7.
	A Chef de Bois, par la Garnison de la Rochelle.	S. . 1.	. . 15.
	TOTAL. . . .	. . 3.	. . 30.
Chatelaillon. 2. Bataillons.	A la Pointe des Minimes, par la Garnison de la Rochelle.	S. . 1.	. . 15.
	A la pointe du Ché.	Ca. 1.	. . 7.
	TOTAL . . .	. 2.	. . 22.
Charente. 1. Bataillon.	A la Redoute de l'Éguille.	Ca. 1.	. . 7.
	Au Fort Fouras.	Ca. 1.	. . 7.
	TOTAL. . . .	. . 2.	. . 14.
	TOTAL général des hommes. . . .	. . 8.	. . 66.

CORPS-DE-GARDE DE VEDETTE.

Capitaineries.		Caporaux.	Nombre d'hommes.
Marans.	A Charon.	Ca. 1.	. . 6.
La Rochelle.	A Esnandes.	Ca. 1.	. . . 6.
	A la Prée aux Bœufs.	Ca. 1.	. . 6.
	Au nord du Plomb.	Ca. 1.	. . 6.
	A la grande Mare.	Ca. 1.	. . 6.
	A la Poudriere.	Ca. 1.	. . 6.
	TOTAL.	. . 5.	. . 30.
Chatelaillon.	A Chatelaillon.	Ca. 1.	. . 6.
Charente.	Dans la Maison du passage.	Ca. 1.	. . 6.
	TOTAL général des hommes.	. . 7.	. . 42.

SERVICE DES CANONIERS.

ETAT général des Canoniers tirés des Bataillons & des Capitaineries pour le Service de toutes les Batteries.

Bataillons & Capitaineries.		Canoniers.
Marans.	A l'Ance d'Enandes.	24.
	A l'Ance du coup de Vages.	24.
	TOTAL.	48.
La Rochelle.	A la pointe qui est au Nord du Chenal du plomb.	8.
	A l'entrée du Port du Plomb.	10.
	A l'Ance de Panpin.	15.
	A l'Arepentie & le Moulin.	15.
	A la grande Marre.	8.
	A Chef de Bois.	49.
	Entre-Chef de Bois & la Poudriere.	15.
	A la Poudriere.	48.
	TOTAL.	168.
Chatelaillon.	A la Pointe des Minimes.	102.
	Vis-à-vis le Pui doux, à l'Ance de Marcoure.	8.
	Au Port du Ché.	8.
	A la Pointe de Chatelaillon.	8.
	A la Rochelle, sur des affuts de Campagne.	18.
	TOTAL	144.
Charente.	Au Vergerou.	12.
	Au Fort la Pointe.	32.
	A Fouras en dehors du Fort	33.
	A la Redoute de l'Éguille.	43.
	TOTAL.	120.
	TOTAL général des hommes.	480.

ÉTAT *particulier des Canoniers toujours de Service aux Batteries à Signaux.*

Bataillons & Capitaineries.		Sergens & Caporaux.	Nombre d'hommes.
Marans.	A Efnandes.	Ca. 1.	. . 6.
	A coup de Vagues.	Ca. 1.	. . 6.
	TOTAL. . . .	. . 2.	. . 12.
La Rochelle.	Au Plomb.	S. . 1.	. . 12.
	A l'Arepentie.	Ca. 1.	. . 6.
	A Chef de Bois	S. . 2.	. . 24.
	TOTAL.	. . 4.	. . 42.
Chatelaillon .	A la Pointe des Minimes.	S. . 2.	. . 24.
	A la Pointe du Ché.	Ca. 1.	. . 6.
	A Chatelaillon.	Ca. 1.	. . 6.
	TOTAL. . .	. . 4.	. . 36.
Charente.	A la Redoue de l'Éguille.	S. . 1.	. . 12.
	Près le Fort Fouras.	S. . 1.	. . 12.
	Au Vergerou.	Ca. 1.	. . 6.
	TOTAL. . . .	. . 3.	. . 30.
	TOTAL général des hommes.	. 13	. . 120.

L'Aide Major du Bataillon de Marans fera auffi le détail du Service des Canoniers.

Il y aura trois Officiers nommés pour faire le détail des Corps-de-Garde, & des Canoniers des trois autres Capitaineries de l'Aunis.

ÉTAT
DES PIQUETS
ÉTABLIS POUR LES COMMUNICATIONS.

Capitaineries.		Hommes de Piquets.
Marans.	Au Braud.	2.
La Rochelle.	A Villedoux.	2.
	A la Rochelle.	2.
	TOTAL.	4.
Chatelaillon.	A la Rochelle.	2.
	A Chatelaillon.	2.
	TOTAL.	4.
Charente.	A Saint Pierre.	2.

TOTAL général des Piquets. 12. hommes.

SERVICE DES DRAGONS.

***ETAT** des Dragons faisant les Patroüilles par cinquième de Compagnie.*

	Dragons.	Détachemens.
A Marans une Compagnie.	40.	8.
A la Rochelle une Compagnie.	40.	8.
A Chatelaillon une Compagnie.	40.	8.
A Charente une Compagnie.	40.	8.
TOTAL.	160.	32.

Quatre Maréchaux-des-Logis, 8. Brigadiers & 8. Dragons de la Compagie d'Ordonnance feront toujours le Service ſur les Côtes.

CANTONNEMENT.

Les 6. Bataillons de l'Aunis cantonneront à la Rochelle par moitié des Grenadiers & par quart de Fuſiliers pour y être exercés.

CAMPEMENT.

ETAT des Camps que formeront les Bataillons Garde-Côtes avec les Troupes réglées.

A l'Arepentie le Bataillon de Marans, les 2. Bataillons de la Rochelle & 5. Compagnies du Régiment d'Eu.
Ce Camp eſt aux Ordres de Mr.

A Angoulin les 2. Battaillons de Chatelaillon, celui de Charente & 5. Compagnies du Régiment d'Eu.
Ce Camp eſt aux Ordres de Mr.

Détail de l'emplacement des Troupes dans les Poſtes qu'elles devront occuper en cas d'attaque.

BATAILLON DE MARANS.

A la Maiſon des Fermes qui eſt au paſſage du Braud, une demie compagnie de Fuſiiers.

Au Corps-de-Garde de Châron, une demie Compagnie de Fuſiliers.

A Eſnandes, une de Fuſiliers.

A l'ance de Coup-de-Vagues, une Compagnie de Grenadiers.

A Marans, 200. hommes du Guet.

PREMIER BATAILLON DE LA ROCHELLE.

Aux petits Retranchemens de la Prée aux Bœufs & celui du Jardinet, une Compagnie de Fusiliers.

Aux Retranchemens du Port du Plomb, une Compagnie de Grenadiers avec une de Fusiliers & deux Compagnies du Régiment d'Eu.

A l'ance de Panpin, une Compagnie du Régiment d'Eu & deux Compagnies de Fusiliers.

300. hommes du Guet à Loumeau.

SECOND BATAILLON DE LA ROCHELLE.

A l'Arepentie, deux Compagnies du Régiment d'Eu avec deux Compagnies de Fusiliers de la Rochelle.

A la Grande Mare, la Compagnie de Grenadiers & une de Fusiliers de la Rochelle.

Au Chef de Baye, une Compagnie de Fusiliers de la Rochelle, avec une Compagnie du Bataillon de St. Severt, Milice.

300. hommes du Guet à Laleu.

A la Redoute des Cadets, une Compagnie de St. Severt.

Entre le Port neuf & la Digue, une Compagnie de Saint Severt.

PREMIER BATAILLON DE CHATELAILLON.

A la pointe des Minimes, deux Compagnies du Bataillon de Clermont, Milice, & une Compagnie de Fusiliers de Chatelaillon.

A l'Ance, vis-à-vis l'ancien Fort d'Orléans, une Compagnie du Bataillon de Clermont, Milice.

A l'Ance de Gardoure, sur la Chaussée, une Compagnie du Régiment d'Eu.

A la Batterie du Puydoux, une Compagnie du Regiment d'Eu, avec la Compagnie de Grenadiers de Chatelaillon.

Au Platin d'Angoulin, deux Compagnie du Regiment d'Eu, avec trois Compagnies de Fusiliers de Chatelaillon.

Trois cens hommes du Guet au Pont de la Pîerre.

Deux Compagnies de Chabrillant en reserve avec la Compagnie de Dragons d'ordonnance.

SECOND BATAILLON DE CHATELAILLON.

A la Pointe du Ché, une Compagnie du Regiment d'Eu placée au petit Port qui est au midi du Ché, avec une Compagnie de Fusiliers de Chatelaillon.

Au petit Port qui est au nord sur le platin de Chatelallion, une Compagnie du Regiment d'Eu.

La Compagnie de Grenadiers, avec deux Compagnies de Fusiliers, sur la hauteur de Chatelaillon.

Au Pont du Rocher, une Gompagnie de Fusiliers.

Trois cens hommes du Guet, à Chatelallion.

BATAILLON DE CHARENTE.

Au petit Port de Fouras, une demie Compagnie de Grenadiers

Au Rocher, une demie Compagnie de Grenadiers.

A la Batterie qui est au dehors de Fouras, une demie Compagnie de Fusiliers.

A la Redoute de la maison du passage sur la Charente, une demie Compagnie de Fusiliers

Sur la Chaussée de Charas, une demie Compagnie de Fusiliers.

A la Batterie du Vergerou, une demi Compagnie de Fusiliers.

En avant du Faubourg de Rochefort, trois cens hommes du Guet.

OBSERVATION.

Les Troupes ainsi placées sur la Côte, se replieront promptement sur la partie où l'Ennemi tenteroit réellement une descente, lorsque le Commandant de châque Province l'ordonnera, ce dont il avertira aussi-tôt Mr. le Comte de Chabannes.

SAINTONGE.

ÉTAT GÉNÉRAL DU SERVICE DE LA SAINTONGE.

CORPS-DE-GARDE DE DÉFENSE.

Bataillons.	LIEUX DES CORPS-DE-GARDE.	Sergens & Caporaux.	Nombre d'hommes.
Soubize. 1. Bataillon.	Au Port des Barques.	Ca. 1.	. . 7.
	A la Passe aux Filles.	S. . 1.	. . 8.
	TOTAL . . .	2.	. . 15.
Marennes. 1. Bataillon.	A Boursefran.	Ca. 1.	. . 7.
Royan. I Bataillon.	A la Pointe de Mudeloup, par les Grenadiers Royaux.	Ca. 1.	. . 7.
	A la grande Ance, Grenadiers Royaux. .	S. . 1.	. . 15.
	A la Pointe de Negre.	Ca. 1.	. . 7.
	Au port de Royan, à côté de l'ancien Château, par les Grenadiers Royaux.	S. . 2.	. . 15.
	TOTAL. . . .	. 44.	. . 4.
	TOTAL général des hommes. . . ,	. . 7.	. . 66.

CORPS-DE-GARDE DE VEDETTE.

Capitaineries.	LIEUX DES CORPS-DE-GARDE.	Caporaux.	Nombre d'hommes.
Soubize. I. Bataillon.	A la Passe aux Bœufs.	Ca. 1.	. . 6.
Marennes. I. Bataillon.	A la pointe du Chapus.	Ca. 1.	. . 6.
Royan. I. Bataillon.	A l'ance de Cardoure.	Ca. 1.	. . 6.
	A St. Palais.	Ca. 1.	. . 6.
	A la Pointe de Valiere.	Ca. 1.	. . 6.
	TOTAL. . . .	. . 3.	. . 18.
Mortagne. I. Bataillon.	A St Georges.	Ca. 1.	. . 6.
	A Mechers.	Ca. 1.	. . 6.
	A St. Surin.	Ca. 1.	. . 6.
	A Talmont.	Ca. 1.	. . 6.
	TOTAL.	. . 4.	. . 24.
	TOTAL général des hommes.	. . 9.	. . 54.

SERVICE DES CANONIERS.

ETAT général des Canoniers tirés des Bataillons & des Capitaineries pour le Service de toutes les Batteries.

Bataillons & Capitaineries.		Canoniers.
Soubize	A la passe aux Bœufs.	. . 22.
	Batterie de la Roche.	. . 13.
	Au Port des Barques.	. . 37.
	TOTAL. . . .	. . 72.
Marennes.	A Boursefranc.	. . 12.
	A la passe aux Filles.	. . 60.
	TOTAL. . .	. . 72.
Royan.	A la Pointe de Mudeloup.	. . 17.
	Au Gardour ou entrée de Mormusson. . . .	. 17.
	A la bonne Ance, ou pointe de la Coubre. . .	. . 17.
	A la Pointe de terre noire.	. . 17.
	Au Corps-de-Garde du Port de Royan. . . .	. . 34.
	A Royan quatre pieces de Campagne & 2. Caissons.	. . 6.
	TOTAL . . .	. . 108.
Mortagne.	A la Pointe de Valiere.	. . 8.
	Au Port de Meché	. . 8.
	A Talmont appellé sur le Fumier.	. . 8.
	TOTAL. . . .	. . 24.

TOTAL général des hommes, 276.

ÉTAT particulier des Canoniers toujours de Service aux Batteries à Signaux.

Bataillons & Capitaineries.		Sergens & Caporaux.	Nombre d'hommes.
Soubize. 1. Bataillon.	A la passe aux Filles	S. . 1.	. . 12.
	Au Port des Barques.	S. . 1.	. . 12.
	A la passe aux Bœufs.	Ca. 1.	. . 6.
	TOTAL. . . .	. . 3.	. . 30.
Marrennes. 1. Bataillon.	A Bourfefran.	Ca. 1.	. . 6.
Royan. 1. Bataillon.	A la Pointe de Mudeloup.	Ca. 1.	. . 6.
	A la grande Ance.	S. . 1.	. . 12.
	A la Pointe de Negre.	Ca. 1.	. . 6.
	Au Port de Royan à côté de l'Ancien Château.	S. . 1.	. . 12.
	TOTAL. . .	. . 4.	. . 36.
Mortagne 1. Bataillon.	A Talmont.	Ca. 1.	. . 6.
	TOTAL général des hommes.	. . 3.	. . 78.

Le Major & l'Officier de détail du Bataillon de Mortagne & Marennes, feront aussi le détail du Service des Corps-de-Garde & des Canoniers.

Il y aura deux Officiers nommés pour faire le détail des Corps-de-Gardes & Canoniers des Capiteineries de Soubize & Royan.

ÉTAT
DES PIQUETS
ÉTABLIS POUR LES COMMUNICATIONS.

Capitaineries.		hommes de Piquets.
Soubize.	A Soubize.	. 2.
	A St. Jean d'Angle pour aller à Saujon.	. 2.
	TOTAL.	. . 4.
Royan.	A Saujon.	. 2.
	A Medis.	. 2.
	A Royan.	. 2.
	TOTAL.	. 6
Mortagne.	A Cozes pour aller à Saujon.	. 2.
	TOTAL général des Piquets. . . 12. hommes.	

SERVICE DES DRAGONS.

***ÉTAT** des Dragons faisant les Patroüilles par cinquième Compagnie.*

	Dragons.	Détachemens.
A Soubize une Compagnie.	. 40.	. 8.
A Marennes deux Compagnies.	. 80.	. 16.
A Royan une Compagnie.	. 40.	. 8.
A Mortagne une Compagnie.	. 40.	. 8.
TOTAL.	. 200.	. 40.

CANTONNEMENS.

Le Bataillon de Soubize, à ſoubize, avec une Compagnie de Grenadiers Royaux.

Le Bataillon de Marennes, à Marennes, avec une Compagnie de Grenadiers Royaux.

Le Bataillon de Royan, à Royan, avec 3. Compagnies de Grenadiers Royaux.

Les Dragons de la Tremblade avec une Compagnie de Grenadiers Royaux.

Le Bataillon de Mortagne à Talmont.

CAMPEMENT.

ETAT des Camps que formeront les Bataillons Garde-Côtes avec les Troupes reglées.

Le Bataillon de Soubize, à Soubize, avec une Compagnie de Grenadiers Royaux.

Le Bataillon de Marennes, à Marennes, avec une Compagnie de Grenadiers Royaux.

Une Compagnie de Grenadiers Royaux campera à portée de la Batterie de Mudeloup.

Les Bataillons de Royan & la Compagnie de Grenadiers de Mortagne ſeulement, près de Royan avec 3. Compagnies de Grenadiers Royaux.

Ce Camp eſt aux Ordres de Mr.

Détail de l'emplacement des Troupes dans les Poſtes qu'elles devront occuper en cas d'attaque.

BATAILLON DE SOUBIZE.

Au Port des Barques, une Compagnie de Grenadiers de Soubize.

Deux Compagnies de Fuſiliers au Port des Barques.

Une Compagnie de Grenadier Ro aux à la Passe aux Filles.

Deux Compagnies de Fusiliers à la Batterie de la Passe aux Bœufs.

300. hommes du Guet à la Combaudiere.

Une Compagnie de Chabrillant en réserve.

BATAILLON DE MARENNES.

La Compagnie de Grenadiers de Marennes occupera, sçavoir, 40. Grenadiers à la Batterie de la Passe aux Filles.

20. à la pointe de Pidemont, & 20. à la pointe de Bigre, vis-à-vis St. Front.

Une Compagnie de Fusiliers au petit Port de Broüage près le Bureau des Fermes.

Une Compagnie de Fusiliers avec une de Dragons près le Fort Chapu, vis-à-vis le Fort.

Une à Bourfefranc.

Une au Bureau des Fermes.

Une Compagnie de Grenadiers Royaux aux Cazernes, en-deçà du Fort Chapu.

300. hommes de la Capitainerie à Marennes.

Une Compagnie de Chabrillant en réserve.

A LA TREMBLADE.

Une Compagnie de Grenadiers Royaux avec la Compagnie de Dragons d'Arvert à Mudeloup.

200. hommes du Guet à la Tremblade.

Une Compagnie de Chabrillant en réserve à Arvert.

BATAILLON DE ROYAN.

Trois Comagnies de Grenadiers Royaux avec la Compagnie de Grenadiers du Bataillon de Royan, à l'ance de la Coubre, autrement dit la Bonne Ance.

200. hommes du Guet aux Mattes.

[illegible]e Compagnie du Régiment de [illegible] en [illegible]

Deux Compagnies de Fusiliers [illegible] s Ances des Platins de Noreau, de St. [illegible] de Pon[illegible]illac.

Une Compagnie de Fusiliers au Fort de Royan.

Cent hommes du Guet sur la hauteur de la pointe de Valliere.

BATAILLON DE MORTAGNE.

La Compagnie de Grenadiers à Royan.

Une Compagnie de Fusiliers au Fort de St. Georges.

Une Compagnie de Fusiliers au port de Meché.

Une Compagnie de Fusiliers à la Couche de Talmont.

Une Compagnie de Fusiliers à Talmont.

300. hommes du Guet répartis dans tous les petits Postes de la Côte jusqu'à St. Seurin.

OBSERVATION.

Les Troupes ainsi placées sur la Côte, se replieront promptement sur la partie où l'Ennemi tenteroit réellement une descente, lorsque le Commandant de châque Province l'ordonnera, ce dont il avertira aussi-tôt Mr. le Comte de Chabannes.

ISLE DE RÉ.

ÉTAT GÉNÉRAL
DU SERVICE DE L'ISLE DE RÉ.

CORPS-DE-GARDE DE DÉFENSE.

Bataillons.	LIEUX DES CORPS-DE-GARDE.	Sergens & Caporaux.	Nombre d'hommes.
Isle de Ré. 2. Bataillons.	Près la Tour des Baleines.	Ca. 1.	. 7.
	A la Batterie Royale du Fief d'Ars. . .	S. 1.	. 8.
	A l'Isle d'Oye.	Ca. 1.	. 7.
	A la Redoute de Sablanceau.	S. 1.	. 8.
	TOTAL des hommes.	. . . 4.	. 30.

CORPS-DE-GARDE DE VEDETTE.

Capitaineries.	A la Conche.	Ca. 1.	. 6.
	A la Redoute des Portes.	Ca. 1.	. 6.
	A la pointe du Fief d'Ars.	Ca. 1.	. 6.
	Au Gros jonc.	Ca. 1.	. 6.
	A la Moulinade.	Ca. 1.	. 6.
	A la Flotte.	Ca. 1.	. 6.
	A Rivedoux.	Ca. 1.	. 6.
	TOTAL des hommes.	. . 7.	. 42.

SERVICE DES CANONIERS.

ÉTAT général des Canoniers tirés des Bataillons & des Capitaineries pour le Service de toutes les Batteries.

Bataillons & Capitaineries.		Canoniers.
Premier Bataillon.	A la Moulinade.	14.
	A la Conche.	10.
	Au pied Bouillac.	10.
	Au Gros Jonc.	10.
	A la Redoute des Portes.	10.
	A la Prise.	10.
	A la Haute Loge.	16.
	A la Basse loge.	10.
	A la Batterie Royale.	32.
	Au Peu Noir.	16.
	Au Fief d'Ars.	14.
	A la pointe du Grouin en l'Isle de l'Oye.	14.
	TOTAL.	166.
Second Bataillon.	A la Batterie du Biais ou du Preau.	14.
	A la Flotte.	14.
	A la Pointe de Barres.	16.
	A Rivedoux.	16.
	Au Noreau.	28.
	A la nouvelle Redoute de Sablanceau.	16.
	TOTAL.	104.

TOTAL général de l'Isle . . . . . 270. hommes.

ÉTAT particulier des Canoniers toujours de Service aux Batteries à Signaux.

Bataillons & Capitaineries.		Sergens & Caporaux.	Nombre d'hommes.
Deux Bataillons.	A la Batterie près la Tour des Baleines. . . .	S. . 1. .	. . 12.
	A la Batterie Royale du Fief d'Ars.	S. . 1. .	. . 12.
	A l'Isle d'Oye au Groüin.	Ca. 1. .	. . 6.
	A la Flotte ou Pointe de Barres.	Ca. 1. .	. . 6.
	A la Redoute de Sablanceau.	S. . 1. .	. . 12.
	A l'Ance du défend.	Ca. 1. .	. . 6.
	TOTAL des hommes.	. . . 6. .	. . 54.

Les Majors & Officiers de détail des Bataillons de l'Isle de Ré feront aussi celui du Service des Corps-de-Garde & des Canoniers.

SERVICE DES DRAGONS.

Le Lieutenant Commandant les Dragons de l'Isle de Ré, les assemblera par moitié, pour les exercer aux manœuvres tous les Dimanches.

CANTONNEMENS.

Un Bataillon cantonnera à Ars.

Le deuxiéme à la Flotte.

Il y aura à l'Isle d'Oye, une Compagnie de Fusiliers de 70. hommes commandée par un Capitaine & un Lieutenant, laquelle sera assemblée tous les Dimanches seulement, pour faire l'exercice, & apprendre à tirer.

Les Bataillons de l'Isle de Ré ne camperont pas.

EMPLACEMENT DES TROUPES,

en cas de descente.

Le Bataillon d'Ars sera exercé à l'emplacement des Postes qu'il devra garder sur la Côte du Fief d'Ars & de la Conche.

Une Compagnie de Dragons se placera derriere la Batterie Royale.

La partie de la Capitainerie composée des Villages d'Ars &c. s'assembleront à quatre cent pas derriere le Bataillon.

Le Bataillon de la Flotte chargé de la défense de la pointe de Sablanceau, sera réparti dans les Postes qu'il devra occuper.

La Compagnie de Dragons se placera à cent pas derriere le Bataillon.

La demie Capitainerie s'assemblera au Village de la Flotte.

Tous les Dragons de la Capitainerie s'assembleront au Village de la Couarde pour se porter à la partie où l'Ennemi tenteroit une descente suivant les ordres qu'ils en recevront, soit au Fief d'Ars, soit à la Pointe de Sabblanceau.

Tous les Postes des Corps-de-Garde de l'Isle de Ré, seront occupés par cinquante hommes châcun.

Messieurs les Gouverneurs de l'Isle de Ré & d'Olleron, ordonneront les dispositions & manœuvres qu'ils jugeront nécessaires pour la Garde de leurs Isles.

ISLE D'OLERON.

ÉTAT GÉNÉRAL DU SERVICE DE L'ISLE D'OLERON

CORPS-DE-GARDE DE DÉFENSE.

Bataillons.	LIEUX DES CORPS-DE-GARDE.	Sergens & Caporaux.		Nombre d'hommes.
Isle d'Oleron. 2. Bataillons.	A la Maison de la Cabanne vis-à-vis la perrotine.	S.	1.	. 8.
	Au Saumonard.	S.	1.	. 8.
	A St. Denis.	Ca.	1.	. 7.
	Aux Sablieres.	Ca.	1.	. 7.
	A la Perroche.	Ca.	1.	. 7.
	A la pointe de Manson.	Ca.	1.	. 7.
	TOTAL	. . . 6.		. 44.

CORPS-DE-GARDE DE VEDETTE.

Bataillons.	LIEUX DES CORPS-DE-GARDE.	Sergens & Caporaux.		Nombre d'hommes.
Isle d'Oleron. 2. Bataillons.	A la Malconche près la Tour de Chassiron. .	Ca.	1.	. 6.
	A la Boulaziere.	Ca.	1.	. 6.
	A l'Ance de Chanere.	Ca.	1.	. 6.
	Au Village de St. Trojan.	Ca.	1.	. 6.
	TOTAL des hommes.	. . 4.		. 24.

D

SERVICE DES CANONIERS.

ETAT général des Canoniers tirés des Bataillons & des Capitaineries pour le Service de toutes les Batteries.

Bataillons & Capitaineries.		Canoniers.
Premier Bataillon.	A la maison de la Cabanne.	. 13.
	A la Batterie A, ou appellé le Cavalier.	. 18.
	A la Batterie Royale.	. 24.
	A la Batterie Dauphine.	. 18.
	A la Malconche.	. 13.
	TOTAL.	. . 86.
Second Bataillon.	A la Boulaziere ou Moulin du Doüet.	. 13.
	A St. Denis.	. 13.
	A la Feuilliere.	. 13.
	A l'Ance de Chanere.	. 13.
	A la Peroche.	. 12.
	A la Pointe de Manson ou St. Trojan.	. 12.
	TOTAL.	. . 76.

TOTAL général de l'Isle . . . . . . 162. hommes.

ÉTAT particulier des Canoniers toujours de Service aux Batteries à Signaux.

Bataillons & Capitaineries.		Sergens & Caporaux.	Nombre d'hommes.
Isle d'Oleron. 2. Bataillons.	A la maison de la Cabanne vis-à-vis la Perrotine.	S. . 1..	. . 12.
	Au Saumonard ou à la Batterie Royale. . .	Ca. 1..	. . 6.
	A la Malconche près la Tour de Chassiron.	S. . 1..	. . 12.
	A St. Denis.	Ca. 1..	. . 6.
	Aux Sablieres.	Ca. 1..	. . 6.
	A la Perroche.	Ca. 1..	. . 6.
	A la pointe de Manson.	Ca. 1..	. . 6.
	TOTAL des hommes.	. . . 7. .	. . 54.

Les Majors & Officiers de détail des Bataillons de l'Isle d'Oleron feront aussi celui du Service des Corps-de-Garde & des Canoniers.

SERVICE DES DRAGONS.

Le Lieutenant Commandant les Dragons de l'Isle d'Oleron, les assemblera par moitié, pour les exercer aux manœuvres tous les Dimanches.

CANTONNEMENS.

Un Bataillon Garde-Côte de l'Isle d'Oleron cantonnera au Village de St. Pierre.

Le deuxiéme à St. Georges.

Les Bataillons de l'Isle d'Oleron ne camperont point

EMPLACEMENT DES TROUPES,

en cas de descente.

Les deux Bataillons Gardes-Côtes de l'Isle d'Oleron, seront exercés à l'emplacement des Postes qu'ils devront garder sur la Côte de Saumonard.

Les deux Compagnies de Dragons seront assemblés derriere la Batterie Dauphine.

Tous les Dragons seront en seconde ligne à cent pas derriere les Batteries.

La Capitainerie s'assemblera moitié au Village de St. Georges, & l'autre moitié au Village de St. Pierre.

Tous les Postes des Corps-de-Garde de l'Isle, seront occupés par 50. hommes châcun.

Monsieur de Cadville, Gouverneur de l'Isle, ordonnera au sur-plus ce qu'il jugera à propos.

www.ingramcontent.com/pod-product-compliance
Ingram Content Group UK Ltd.
Pitfield, Milton Keynes, MK11 3LW, UK
UKHW021022180726
13838UKWH00004B/1606